全国中等职业技术学校汽车类专业

汽车电气设备维护与故障排除（第三版）习题册

中国劳动社会保障出版社

图书在版编目（CIP）数据

汽车电气设备维护与故障排除（第三版）习题册 / 庞鸿洋主编 . -- 北京：中国劳动社会保障出版社，2019

全国中等职业技术学校汽车类专业

ISBN 978-7-5167-4256-3

Ⅰ. ①汽…　Ⅱ. ①庞…　Ⅲ. ①汽车 – 电气设备 – 车辆修理 – 中等专业学校 – 习题集②汽车 – 电气设备 – 故障修复 – 中等专业学校 – 习题集　Ⅳ. ①U472.41-44

中国版本图书馆 CIP 数据核字（2019）第 279365 号

中国劳动社会保障出版社出版发行

（北京市惠新东街 1 号　邮政编码：100029）

*

北京市科星印刷有限责任公司印刷装订　　新华书店经销

787 毫米 ×1092 毫米　16 开本　4 印张　92 千字

2019 年 12 月第 1 版　　2024 年 12 月第 4 次印刷

定价：8.00 元

营销中心电话：400-606-6496

出版社网址：http：//www.class.com.cn

http：//jg.class.com.cn

目　　录

单元1　全车线路的维护与故障排除

一、填空题

1．导线有两种连接方法，一种是将断线两端________起来；另一种是使用________将断线连接起来。

2．通常握持电烙铁的方法有________、________和________三种。

3．焊接前，电烙铁末端应保持________，可用海绵或布擦掉烙铁头端部的碎屑。

4．电烙铁使用完毕后，应先拔掉________，然后将其放回________上。

5．标准剥线和扎线工具分为________、________和________三个区。

6．导线连接好后，可用________或________裹于连接处，以免接头暴露于空气中。

7．在离线端最近处切断导线时，应使用正确的工具剥去导线的________，导线应伸入线端接头中超出导线接头片约________。

8．使线束不直接和车身锐边接触的方法有两种，一种是两者之间要留有一定的________；另一种是增加绝缘层厚度，避免车身锐边损坏线束外部的________，导致短路事故。

9．车辆上使用的继电器主要分为________和________两种，可以自动接通或切断一对或多对触点，完成用小电流控制________的操作；可以减小控制开关的________，保护电路中的控制开关。

10．熔断器是最普通的电路保护装置，有________、________、________和________等基本类型。

11．线束与线束、线束与电气设备之间采用________连接。

12．在进行电路故障检查时会用到很多工具，________就是其中一种，它可用于跨过某段被怀疑已断开的导线，而直接向某一部件供电。

13．试灯不能取代电压表，因为它只能显示是否有电压，不能显示________。

14．对地线短路是指一个电路的________与地线之间的意外导通。当发生这种情况时，电流绕过工作负载流动，因为电流总是试图通过电阻________的通路。

二、选择题

1．电烙铁接通电源后，不热或不太热的原因可能为（　　）。

A．操作姿势不当　　B．电源低于额定电压

C．烙铁头发生氧化　　D．烙铁头端部与外管内壁紧固部位氧化

2．清洁电烙铁时使用的海绵应沾有适量的（　　）。

A．酒精　　B．丙酮

C．干净的水　　D．助焊剂

3．一般来说，电烙铁的功率越大，热量越（　　），烙铁头的加热时间越（　　）。

A．小　　B．大

C．长　　D．短

4．将导线切断，应用扎线工具的（　　）区。

A．切线　　B．剥线

C．扎线　　D．其他

5．截面积为 0.5 mm^2 的铜芯导线的满载电流为（　　）A。

A．7.5　　B．9.6

C．12.5　　D．16

6．汽车转向灯的导线截面积应选用（　　）mm^2。

A．0.5　　B．0.8

C．1.0　　D．1.5

7．汽车电源系统导线的主颜色为（　　）色。

A．红　　B．白

C．黑　　D．蓝

8．检查车辆上的复合继电器时通常采用（　　）检查。

A．测量电阻　　B．接电

C．试灯　　D．更换

9．熔断器的作用是（　　）。

A．切断或接通电路　　B．进行电路保护

C．进行试灯检查　　D．连接线束

10．使用万用表测量交流电压时，将功能 / 量程开关置于（　　）量程范围。

A．V–　　B．V ~

C．A–　　D．A ~

11．使用万用表进行通断测量时，若被检查两点之间的电阻值小于（　　），蜂鸣器会发出声音。

A．50 Ω　　B．500 Ω

C．1 kΩ　　D．1 MΩ

三、判断题

1．为了避免损伤导线的金属材料，应尽量选择大孔卡线。（　　）

2．电烙铁的功率越大，热量越小。（　　）

3．汽车线束中的插接器在操作时用力往下拉即可，插接器没有被锁止。（　　）

4．在汽车上可以随意布置线束。（　　）

5．普通继电器可以通过解码器读取故障码。（　　）

6．跨接导线有时可作为故障诊断的辅助工具。（　　）

7．用试灯法检查熔断器时，若熔断器的一端亮、一端不亮，说明熔断器后面的电路有故障。（　　）

8. 在进行电路故障检查时，可将跨接线直接跨接在蓄电池的两端或蓄电池正极和搭铁之间。 （ ）

9. 断路是指电路中某个部件、导线烧坏或没安装好，即整个电路在某处断开。（ ）

10. 电路短路是指电流不流经用电设备或零部件而直接连接电源两极。 （ ）

四、简答题

1. 简述使用电烙铁时的安全注意事项。

2. 线束中导线断路却无法确定断开点，应如何进行维修？

3. 说明大众帕萨特电路图中代号 T10n 与 J59 的含义。

4．根据国产车的导线颜色代号，填写对应的导线颜色。

双色线的颜色及代号

颜色代号	导线颜色	颜色代号	导线颜色
B		W	
BL		Gr	
R		G	
Br		Y	

5．简述汽车电路故障诊断的顺序。

单元 2　蓄电池的维护与故障排除

一、填空题

1. 目前，汽车电气系统的额定电压有 12 V 与 24 V 两种，汽油车普遍采用______V 电源系统，重型柴油车多采用________V 电源系统。

2. 蓄电池的常规充电方法有__________充电、__________充电和__________充电三种。

3. 在拆卸蓄电池极柱时，应先拆卸________极柱，再拆卸________极柱；安装时应先装________极柱，再安装________极柱。

4. 蓄电池的排气孔不能堵塞，冬季还要防止被冰水封住，否则将使蓄电池________增高，发生壳体爆裂事故。

5. 如果蓄电池极柱出现氧化反应，应首先用________将其磨掉，然后在其表面涂抹________或________。

6. 铅酸蓄电池电解液相对密度每下降 0.01 g/cm^2，蓄电池额定容量下降约________。

7. 在检查蓄电池电解液时，电解液液面应高出极板________mm，电解液不足时，应及时加注________。

8. 蓄电池冬季放电达________、夏季放电达________时不宜再使用，应及时进行充电，否则会使蓄电池极板硫化而提前报废。

9. 带内装式密度计的蓄电池，电量在 65% 以上时玻璃观察孔中呈________色。

10. 蓄电池充电时，若发现充电温度上升到 40℃，应将电流________；若充电温度继续上升到 45℃，应立即________。

11. 蓄电池就车充电时，必须拆下与车上连接的______________。

12. 普通蓄电池在充电过程中，必须打开蓄电池的________________，使蓄电池内产生的______________和__________________得以顺利排出。

13. 在检查蓄电池外部漏电时应用万用表的________挡，将万用表________在蓄电池正极引线与负极搭铁之间，依次拔掉________，观察万用表的读数。

14. 蓄电池的自放电分为________________和________________两种。

二、选择题

1. 蓄电池的常见故障有极板硫化、自行放电和（　　）。

   A. 充电不足　　　　B. 活性物质大量脱落

   C. 正负极柱导通　　D. 以上都对

2. 蓄电池在充电时，电解液的比重将（　　）。

   A. 增加　　　　B. 不变

C．减小　　D．先增加，后减小

3．放电电流增大时，蓄电池实际放出的电量将（　　）。

A．增加　　B．不变

C．减小　　D．先增加，后减小

4．蓄电池的使用寿命是指（　　）。

A．蓄电池实际使用时间

B．输出容量一定时，进行充放电循环的总次数

C．只是充放电循环的总次数

D．以上都不对

5．测量蓄电池的极柱压降时，蓄电池组应处于（　　）。

A．浮充状态　　B．均充状态

C．放电状态　　D．以上均可以

6．铅酸蓄电池的电解液是（　　）。

A．硫酸　　B．盐酸

C．二氧化铅　　D．其他

7．环境温度下降时，蓄电池的内阻将（　　）。

A．增大　　B．减小

C．不变　　D．先增大，后减小

8．影响蓄电池使用寿命的因素有（　　）。

A．温度　　B．湿度

C．放电深度　　D．放电电流

9．蓄电池月度维护必须要做的工作有（　　）。

A．清洁电池　　B．测量浮充电压

C．检查蓄电池有无漏液　　D．检查蓄电池有无膨胀、变形

E．检查连接条是否松动和腐蚀　　F．核对性放电测试

三、判断题

1．免维护铅酸蓄电池是指在日常使用中不需要维护的蓄电池。（　　）

2．蓄电池的使用寿命与放电深度成反比。（　　）

3．免维护蓄电池安全阀的作用是单向压力控制，漏气不漏液。（　　）

4．铅酸蓄电池的使用寿命终止指标为小于额定容量的75%。（　　）

5．铅酸蓄电池正极主要成分是铅（Pb）。（　　）

6．相同型号、不同容量的两组蓄电池可以并联使用。（　　）

7．清洁蓄电池时，必须用绝缘刷或吸尘器清洁，然后用拧干的湿布擦干净。（　　）

8．日常巡检时，在清洁蓄电池外表面的同时，还应查看蓄电池各连接条的连接是否紧固、极柱是否腐蚀等。（　　）

9．用密度计测量的蓄电池电解液密度值就是蓄电池的相对密度值。（　　）

10．蓄电池的放电程度是根据蓄电池的实测密度值而定的。（　　）

四、简答题

1. 简述蓄电池的维护要求。

2. 下图为某车型蓄电池的装配示意图，蓄电池装配完成后，经检验发现其已损坏，需要更换新蓄电池，试说明更换新蓄电池的操作步骤。

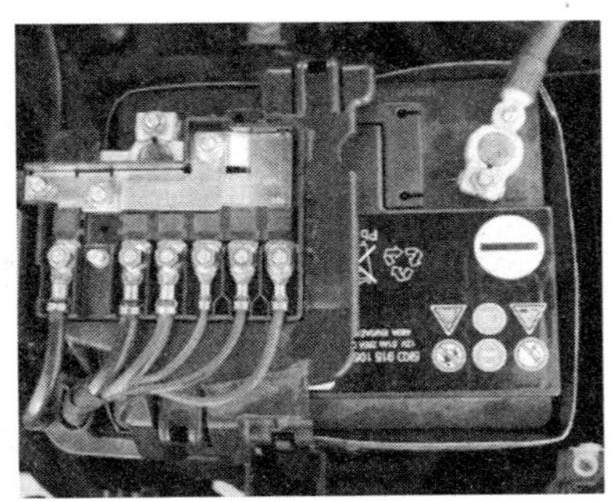

某车型蓄电池的装配示意图

3. 简述蓄电池自放电现象（选做）。

4．蓄电池外部出现自放电的原因有哪些？

5．简述蓄电池的常见故障现象及故障原因。

单元3　交流发电机的维护与故障排除

一、填空题

1. 汽车充电系统由____________________、______________和__________________组成。

2. 在汽车行驶过程中，由发电机向______________提供电源，并向______________充电。

3. 将万用表拨至$R\times10\text{k}$挡，一根表笔接________________上，另一根表笔接______________________上，测量转子磁场绕组的电阻值。若万用表指示电阻值为“∞”，说明__________良好；若万用表指示电阻值较小，说明____________________________。

4. 将万用表拨至$R\times1$挡，分别测量两根定子引线的电阻值。若测得其电阻值均小于1 Ω，说明____________________；若测得其电阻值较大或为“∞”，说明____________________________。

5. 将万用表拨至$R\times1\text{k}$挡，一根表笔接__________________________，另一根表笔接__________，检查定子绕组与定子铁芯之间的绝缘情况。若表针不摆动，说明定子绕组与定子铁芯之间______________；若表针摆动，说明定子绕组与定子铁芯之间__________。

6. 电刷磨损不得超过原长度的________；当电刷从电刷架中露出2 mm时，电刷弹簧力一般为____________N。

7. 在交流发电机中，防止蓄电池反向电流的零部件为____________。

8. 将发动机转速保持在中负荷且不使用车上电气设备的情况下，用万用表测量蓄电池电压，这个电压称为______________。它应高于参考电压，但不超过__________V。

9. 将发动机保持在中负荷，打开前照灯、暖风机或空调等，当电压稳定时测量蓄电池电压，这个电压称为__________。它至少应高于参考电压__________V。

10. 大众帕萨特车型的发电机接线柱有__________和__________两种。

11. 在发电机电路维修中应遵循____________________和____________________原则。

12. 充电指示灯点亮，说明蓄电池处于______________状态，硅整流发电机处于__________状态；充电指示灯熄灭，说明蓄电池处于____________状态，硅整流发电机处于__________状态。

13. 在观察电路图时要首先找到三要素，即：__________、__________和__________。

14. 检查某条线路的通断时一般利用万用表的__________挡和__________挡。

二、选择题

1. 用游标卡尺测量滑环厚度，其值不得小于（　　）mm。

A. 1　　B. 2

C．2.5　　D．3

2．一般硅整流发电机都采用（　　）连接，即每相绕组的首端分别与整流器的硅二极管相连接，每相绕组的尾端连接在一起，形成中性点N。

A．星形　　B．串联

C．三角形　　D．并联

3．交流发电机的转子中有一个线圈绕组，其作用是（　　）。

A．产生磁场，且磁场的大小可调　　B．产生磁场，且磁场的大小恒定

C．产生交流电　　D．产生直流电

4．（　　）会使发电机的电压升高。

A．电磁线圈断开　　B．磁场绕组短路

C．电压调节器故障　　D．以上都对

5．发动机运转时，用万用表分别测量发电机接线端子的电压，其结果是（　　）。

A．小于12 V　　B．等于12 V

C．大于12 V　　D．没有电压

6．对于采用星形连接的交流发电机三相绕组，下列说法错误的是（　　）。

A．一定是对称绕组　　B．一定是用来产生交流电的

C．每项绕组的首端连接一个电刷　　D．一定是末端连接在一起的

7．汽车发电机经电压调节器的输出电压约为（　　）V。

A．12　　B．12.5

C．14　　D．15

8．当发电机电刷损坏时，发电机将不发电，其原因是电刷损坏后将使（　　）。

A．激磁电路断路　　B．三相绕组中的某一相绕组断路

C．发电机的输出线路中断　　D．发电机的中性点输出线路中断

9．当一辆汽车行驶时，若充电指示灯点亮，说明（　　）。

A．发电机故障　　B．电压调节器故障

C．充电线路故障　　D．故障部位不定

10．在讨论发电机的输出电压时，技师甲说，只要发电机的输出电压高于12 V，发电机就正常；技师乙说，发电机的输出电压在13.5 ~ 14.5 V为正常。以上说法中（　　）。

A．甲正确　　B．乙正确

C．两人均正确　　D．两人均不正确

11．当一辆捷达轿车行驶时，充电指示灯不亮。技师甲说，发电机和电压调节器可能有故障；技师乙说，充电线路可能有故障。以上说法中（　　）。

A．甲正确　　B．乙正确

C．两人均正确　　D．两人均不正确

12．在汽车正常行驶过程中，发电机采取（　　）方式。

A．自励磁　　B．他励磁

C．混合励磁　　D．其他

三、判断题

1．用数字万用表的红表笔接二极管中心引线、黑表笔接外壳，测得的电阻值为 8 ~ 10 Ω，反向测量时电阻值大于 10 kΩ，则说明该二极管正常。（　　）

2．硅整流发电机在自励正常运转发电时，充电指示灯断电熄灭。（　　）

3．用游标卡尺测量滑环外径，其最小外径不得小于标准直径（1 mm）。（　　）

4．交流发电机与蓄电池并联工作。（　　）

5．发电机发出的三相交流电经桥式整流电路变成直流电。（　　）

6．充电指示灯熄灭，说明发电机有故障。（　　）

7．充电指示灯点亮，说明蓄电池处于充电状态。（　　）

8．检查发电机是否发电可用刮火法，无须使用万用表。（　　）

9．发动机运转时，可视情况切断发电机与蓄电池的连接导线，不会产生高压电而损坏电子元件。（　　）

10．检查发电机传动带轮和风扇传动轮中间的松紧度时，需用 30 ~ 50 N 的力。（　　）

四、简答题

1．简述发电机就车拆装的步骤。

2．简述检查发电机定子总成的主要内容。

3．画出大众帕萨特车型充电系统的电路图，并说明其工作过程。

单元4　起动系统的维护与故障排除

一、填空题

1．起动系统主要由＿＿＿＿＿＿、＿＿＿＿＿＿、＿＿＿＿＿＿＿、＿＿＿＿＿＿和＿＿＿＿＿＿等组成。

2．起动机一般由＿＿＿＿＿＿＿、＿＿＿＿＿和＿＿＿＿＿三部分组成，现在常用的起动机是永磁减速起动机。

3．起动机一般有三个接线柱，分别是＿＿＿＿接线柱，连接＿＿＿＿＿；＿＿＿＿接线柱，连接＿＿＿＿＿＿；＿＿＿＿接线柱，连接＿＿＿＿＿。

4．用举升机举升汽车时要正确选择汽车的＿＿＿＿＿＿，举升机举升后要记住＿＿＿＿＿＿。

5．通常通过＿＿＿＿＿＿、＿＿＿＿＿＿＿＿和＿＿＿＿＿＿＿来检验起动机的检修质量。

6．启动时，普通起动机每次的启动时间不得超过＿＿＿s；若再次启动，两次时间间隔不得少于＿＿＿＿s。

7．空载试验的目的是检查起动机内部是否有＿＿＿＿＿＿和＿＿＿＿＿＿。

8．起动机电刷磨损后的高度不应小于电刷原高度的＿＿＿＿，电刷与换向器的接触面积不低于＿＿＿＿。

9．用百分表检测电枢轴的弯曲情况，其径向跳动量应不大于＿＿＿＿＿。

10．用万用表检查电枢线圈搭铁时，其表笔分别搭在＿＿＿＿＿和铁芯（或电枢轴）上，电阻值应为＿＿＿＿＿；若电阻值为＿＿＿＿＿，说明搭铁，应更换。

11．在就车拆卸起动机时，应先拆下＿＿＿＿＿，然后拆下起动机＿＿＿＿＿接线柱和＿＿＿＿＿接线柱。

12．起动系统运转无力时，可能发出＿＿＿＿的声音。

13．根据大众帕萨特车型起动系统电路图，可以看出起动继电器的型号是＿＿＿＿＿，它的接脚有＿＿＿＿＿、＿＿＿＿＿、＿＿＿＿＿和＿＿＿＿＿等。

14．大众帕萨特车型起动系统电路图中，F125代表＿＿＿＿＿＿＿＿＿。

二、选择题

1．起动机空载试验的接通时间不得超过（　　）。

A．5 s　　B．1 min

C．5 min　　D．10 min

2．起动机全制动时间不得超过（　　）。

A．5 s　　B．1 min

C．5 min D．10 min

3．起动机空转的原因之一是（　　）。

A．蓄电池亏电 B．单向离合器打滑

C．换向器脏污 D．以上都对

4．启动发动机时，每次工作时间不得超过（　　）。

A．5 s B．1 min

C．15 s D．20 s

5．若发动机正常，起动机启动无力的原因一定是（　　）。

A．起动机有故障 B．蓄电池容量不足

C．起动机主电路电流过小 D．起动继电器有故障

6．永磁式起动机中用永磁铁代替常规起动机的是（　　）。

A．电枢绕组 B．励磁绕组

C．电磁开关中的两个线圈 D．以上都对

7．不会引起起动机运转无力的原因是（　　）。

A．吸引线圈断路 B．蓄电池亏电

C．换向器脏污 D．电磁开关中接触片烧蚀、变形

8．在判断起动机不能运转的过程中，在车上短接电磁开关端子 30 和端子 C 时，起动机不运转，说明故障在（　　）。

A．起动机的控制系统中 B．起动机本身

C．不能确定 D．以上都对

9．在起动机的分解检测过程中，（　　）是电枢的不正常现象。

A．换向器片与电枢轴之间绝缘 B．换向器片与电枢铁芯之间绝缘

C．各换向器片之间绝缘 D．以上都对

10．减速起动机和常规起动机的主要区别在于（　　）不同。

A．直流电动机 B．控制装置

C．传动机构 D．以上都对

11．起动机的电磁开关中有两个线圈，其中（　　）一端搭铁。

A．吸引线圈 B．保持线圈

C．两个线圈 D．以上都对

12．在讨论起动机电路的电压降检测时，技师甲说，在电阻的每一端会有相同的电压值；技师乙说，可以在所检测的电路中串联一个电压表，用于测量电压降。以上说法中（　　）。

A．甲正确 B．乙正确

C．两人均正确 D．两人均不正确

13．在讨论起动电流的检测结果时，技师甲说，起动机电枢弯曲、轴承磨损、电枢绕组甩出或极靴螺钉松动等都会引起大电流需求；技师乙说，若起动电流检测结果低于正常值，说明电路中有额外电压降。以上说法中（　　）。

A．甲正确 B．乙正确

C．两人均正确 D．两人均不正确

三、判断题

1. 在起动机启动的过程中，吸引线圈和保持线圈中一直有电流通过。 ( )
2. 用万用表检查电刷架时，两个正电刷架和外壳之间应该绝缘。 ( )
3. 起动机电枢装配过紧可能会造成起动机运转无力。 ( )
4. 冬天如果能将蓄电池适当保温，就可以提高起动功率，改善起动机性能。 ( )
5. 起动机在主电路接通后，保持线圈被短路。 ( )
6. 进行空转试验能观察单向离合器是否打滑。 ( )
7. 换向器换向片的厚度要保证不得小于 2 mm。 ( )
8. 电刷弹簧的最小弹力应为 12 ～ 15 N。 ( )
9. 空载试验的时间不得超过 5 min，以免起动机过热而烧坏。 ( )
10. 起动机投入工作时，应先接通主电路，然后再使齿轮啮合。 ( )
11. 起动机有“嗒嗒”声响，但不能启动，其原因一定是电磁开关中吸拉线圈被烧断。 ( )
12. 起动机主电路导线截面积不应太小。 ( )
13. 汽车起动机必须空载启动，即不带负载启动。 ( )
14. 起动机的转速越高，输出转矩越大。 ( )
15. 发动机在工作中，起动机的小齿轮不需要退出啮合。 ( )
16. 在永磁式起动机中，电枢是用永磁铁制成的。 ( )
17. 导线过长或截面积过小时会造成较大的电压降，但能增大起动机的功率。 ( )

四、简答题

1. 简述起动机的分解步骤。

2. 简述起动机空载试验故障的判断方法。

3．简述起动机不转的原因。

4．画出基本的起动电路，要求包括点火开关等。

5．简述造成起动系统启动无力故障的原因。

单元5　电控燃油喷射系统的维护与故障排除

一、填空题

1. 测量进气歧管真空度时，首先将发动机预热到正常温度，然后将进气歧管上的__________与真空表软管相连。

2. 测量进气歧管真空度时，将变速器置于空挡位置，让发动机在__________工况下运转，此时读取真空表上的指针读数。

3. 发动机密封性能正常且发动机怠速运转时，真空表指针应稳定在__________kPa。

4. 若怀疑某气缸工作不良，可采用单缸断火法诊断。单缸断火后，进气歧管真空度的__________越大越好，这是判断各缸工作好坏的指标。

5. 测量进气歧管真空度，当发动机怠速运转时，指针跌落了 13.33 kPa（100 mmHg）左右，说明某进气门处有__________。

6. 测量进气歧管真空度，当发动机怠速运转时，指针有规律地下跌某一数值，说明某气门__________。

7. 实际使用中影响发动机各缸压力的主要因素有__________、燃烧室密封状况和排气是否通畅等。

8. 测量进气歧管真空度时，不需要拆卸__________，但是测量气缸压力时需要拆卸__________。

9. 测量气缸压力时，当测得某一气缸的压力低于标准值时，可从火花塞孔注入 20 ~ 30 mL 的__________，这时气缸压力明显上升，说明__________磨损严重。

10. 测量气缸压力时，相邻两缸出现压力偏低的现象，而其他气缸正常，可能是因为相邻两________漏气或__________未拧紧。

11. 测量燃油压力时，首先要对燃油供给系统进行__________，一般采用拔下__________、__________或油泵插头的方法。

12. 测量燃油压力时，一般要测量系统__________、怠速油压、__________、__________和剩余油压。

13. 测量最大供油压力时，测量值一般是正常油压的__________倍，最大供油压力是__________kPa。

14. 造成静态油压偏高的原因有__________和__________。

15. 如果 ECU 供电电压被切断，则故障码会被________。

16. 只要将点火开关置于“ON”位置，无论发动机是否运转，均不可断开任何 12 V 的电气装置，以防止在操作时其中的线圈因__________产生的瞬时高压击穿 ECU 或传感器。

17. 发动机控制单元的英文缩写是__________。

18．防抱死制动系统的英文缩写是__________。

19．在检查燃油泵时，接通点火开关后听不到燃油泵运转的声音，首先应检查______________和______________。

20．在对燃油系统部件进行拆卸时，首先要对系统进行__________。

21．低阻抗型喷油器线圈的电阻值为____________Ω，高阻抗型喷油器线圈的电阻值为____________Ω。

22．喷油器密封性试验是在系统压力下检测喷油器针阀的密封情况，测试喷油器是否有______________现象。

23．发动机不能启动的原因有油箱中无燃油、启动时节气门全开、________________、________________、________________、________________、发动机气缸压力过低等。

24．汽车电气系统中存在五种基本类型的电子信号，分别是__________________、__________________、__________________、__________________、__________________。

二、选择题

1．发动机怠速时，指针停留在（　　）kPa，说明气门机构失调，气门开启过迟。

A．64 ~ 71　　B．26.66 ~ 50.66

C．46.66 ~ 60　　D．46.66 ~ 57.33

2．发动机怠速时，指针在（　　）kPa 以下，说明进气管漏气。

A．17.33　　B．26.66

C．33.33　　D．46.66

3．测量进气歧管的真空度时，指针最初的指示值较高，怠速时逐渐跌落到“0”，说明（　　）堵塞。

A．进气系统　　B．排气消声器或排气系统

C．进 / 排气门　　D．空气滤清器

4．测量发动机的气缸压力时，为了保证测量的准确性，首先要拆下火花塞，拆卸方法是（　　）。

A．逐一拆卸　　B．不拆卸

C．全部拆卸　　D．以上都不对

5．测量发动机的气缸压力时，如果气缸压力值在 2 ~ 3 次测量中出现忽高忽低的现象，可能是因为（　　）。

A．活塞环磨损严重　　B．气门关闭不严

C．气缸垫烧蚀　　D．气缸盖磨损严重

6．某汽油喷射系统的汽油压力过高，下列说法中正确的是（　　）。

A．电动汽油泵的电刷接触不良　　B．回油管堵塞

C．汽油压力调节器密封不严　　D．以上都对

7．下列选项中不会引起燃油压力过低的是（　　）。

A．燃油泵连接件松动　　B．燃油泵压力调节器故障

C．燃油泵膜片不合格　　D．燃油泵入口处阻塞

8．技师甲说，在进行发动机真空度测试时，发动机应预热并在正常怠速状态运转；技

师乙说，应通过将真空表连接到测压孔上来测量发动机的真空度。以上说法中（　　）。

A．甲正确　　B．乙正确

C．两人均正确　　D．两人均不正确

9．进行燃油压力检测时，应该先（　　）。

A．断开燃油蒸发罐管路

B．将燃油压力表连接到电控燃油喷射系统的回流管路上

C．在将燃油压力表连接到电控燃油喷射系统之前，先将管路中的压力泄掉

D．拆下燃油管

10．喷油器开启时间越长，其喷油量（　　）。

A．越多　　B．越少

C．不变　　D．不一定

11．启动发动机前，如果将点火开关置于“ON”位置，电动汽油泵将（　　）。

A．持续运转　　B．不运转

C．运转 10 s 后停止　　D．运转 3 ～ 5 s 后停止

12．在用万用表对喷油器进行简单检查时，需要检查其（　　）。

A．电阻　　B．电压

C．电流　　D．以上都对

13．在用喷油器清洗机对喷油器的积炭进行清洗时，应选用（　　）功能。

A．雾化性检测　　B．密封性测试

C．喷油量检测　　D．超声波清洗

14．二氧化钛型氧传感器的输出电压一般为（　　）V。

A．2 ～ 3　　B．0.1 ～ 0.9

C．3 ～ 5　　D．1 ～ 2

15．负温度系数热敏电阻的电阻值随温度的升高而（　　）。

A．升高　　B．降低

C．不受影响　　D．先高后低

16．在检查喷油器时，在汽油泵运转但喷油器不工作的 3 min 内，喷油器中油量的泄漏应（　　）。

A．少于一滴　　B．少于两滴

C．少于 1 mL　　D．少于 2 mL

三、判断题

1．在发动机减速不良故障中，检查节气门位置传感器，当节气门全闭时，节气门位置传感器中的怠速开关触点应闭合。（　　）

2．在发动机减速不良故障中，检查怠速控制时，应在发动机熄火后拔下怠速控制阀的线束插头，待发动机启动后再插上插头。（　　）

3．在发动机怠速运转不稳故障中，检查怠速控制阀的工作是否正常时，拔下怠速控制阀的接线插头，若发动机转速无变化，说明怠速控制阀或控制电路有故障，应检查电路或更换怠速控制阀。（　　）

4．在发动机怠速运转不稳故障中，检查燃油压力应为 300 kPa 左右。（　　）

5．在发动机怠速运转不稳故障中，检查气缸压缩压力时，若其值低于 0.8 MPa，应拆检发动机。（　　）

6．测量气缸压力时，若测得的气缸压力高于原设计规定，说明气缸密封良好。（　　）

7．用气缸压力表检测气缸压力是一种最方便的方法。（　　）

8．在检测汽车电子控制系统故障时，必须用解码器进行故障判断。（　　）

9．幅值是指电子信号在一定点上的瞬时电压。（　　）

10．脉冲宽度是指电子信号所占的时间或占空比。（　　）

11．阵列是指组成信息 / 信号的重复方式。（　　）

12．在对燃油系统的零部件进行拆卸时直接拆卸即可。（　　）

13．在对喷油器进行密封性检测时，主要检测喷油器针阀的密封性。（　　）

14．一部分车型在拆装或更换新的节气门控制组件后，需要对节气门控制单元重新进行基本设定。（　　）

15．电子信号可以看成是控制系统中各个传感器控制 ECU 和其他设备之间相互通信的基本语言。（　　）

四、简答题

1．简述燃油压力的测量方法。

2．分析气缸压力过低或过高的原因。

3. 电控发动机启动困难的原因有哪些?

4. 电控发动机加速不良的原因有哪些?

5. 结合发动机结构图，写出其各组成部件的名称。

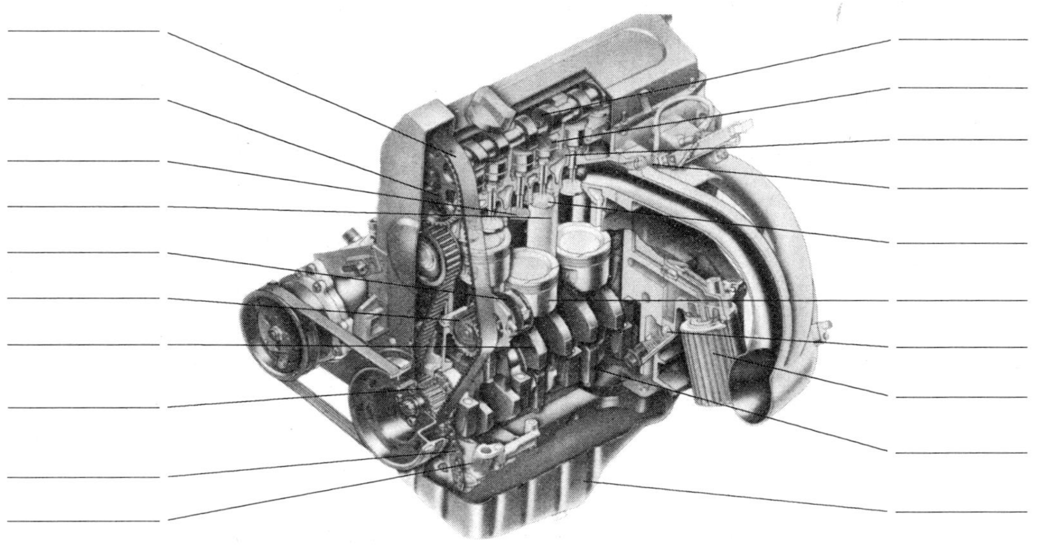

发动机结构图

6. 简述电控发动机怠速运转不稳的故障现象与故障原因。

7. 简述电控发动机动力不足的故障原因。

8．用清洗器清洗喷油器时要做哪些检测？各检测的作用是什么？

9．简述进气歧管真空度的测量方法。

单元6 自动变速器的维护与故障排除

一、填空题

1. 自动变速器主要由________、________、________、________、________五部分组成。

2. 电控液力式自动变速器通过各种传感器将车速、发动机转速、发动机冷却液温度等参数传给控制单元（ECU），ECU根据这些信号控制________和________，从而实现自动换挡。

3. 自动变速器处于冷态时，自动变速器油的温度较低，为室温或低于25℃，油面高度应在油尺刻线的________附近；自动变速器处于热态时，若低速行驶5 min以上，自动变速器油温已达70 ~ 80℃，油面高度应在油尺刻线的________附近。

4. 自动变速器油的更换周期是________km或________年更换一次。

5. 自动变速器油的更换方法有________、________和________三种。

6. 自动变速器内部有故障或油路有堵塞的两种危险信号是________和________。

7. 液压油的颜色一般为________，且无气味。若液压油呈________或________，说明已变质，应立即更换。

8. 用自动变速器循环换油机进行换油时，车辆运行至自动变速器达到正常工作温度（油温为________℃）后停车熄火。

9. 一般自动变速器油底壳内的储油量为________左右。

10. ________是检查发动机、液力变矩器及自动变速器中有关换挡执行元件的工作是否正常的一种方法。

11. 加速踏板从踩下到松开整个过程的时间不得超过________，否则会使自动变速器油因温度过高而变质，甚至损坏________等零件。

12. ________就是测出自动变速器换挡的迟滞时间，根据迟滞时间的长短来判断主油路的油压及换挡执行元件的工作是否正常。

13. 大部分自动变速器N–D迟滞时间小于________s，N–R迟滞时间小于________s。

14. 做油压实验，当发动机怠速工作时，测得所有挡位的主油路油压均过低，其原因有________、________和________三种。

15. 自动变速器道路实验的内容主要有检查________、检查________和检查________。

16. 进行换挡质量检查时，如果换挡冲击太大，说明自动变速器的控制系统或换挡执行元件有故障，其原因可能是______或______，应做进一步检查。

17. 用万用表测量开关式电磁阀时，电磁阀线圈的电阻值一般为______Ω，若不符合要求，应更换______。

18. 用万用表测量电磁阀线圈的电阻值时，脉冲线性式电磁阀的线圈电阻值一般为______Ω，若不符合要求，应更换______。

二、选择题

1. 要定期更换自动变速器油，一般（　　）更换一次。

A. 每次保养时　　B. 两年

C. 三年　　D. 五年

2. 影响自动变速器油和自动变速器使用寿命的最重要因素是（　　）。

A. 油液的温度　　B. 行驶状态

C. 行驶负荷　　D. 挡位的位置

3. 自动变速器利用循环机进行换油的方法是（　　）。

A. 重力换油法

B. 循环换油法

C. 直接拆下油底壳进行放油并加注

D. 以上都不对

4. 失速实验是检查发动机、液力变矩器及自动变速器中有关换挡执行元件的工作是否正常的一种方法，一般要做（　　）的实验。

A. P 挡　　B. D 挡

C. R 挡　　D. 所有挡位

5. 做失速实验（D 挡位）时，出现转速过高的原因是（　　）。

A. 发动机动力不足　　B. 主油路油压过低

C. 前进挡油路油压过低　　D. 前进离合器打滑

6. 自动变速器工作时，通过测量液压控制系统各回路的压力来判断各元件的功能是否正常，这种实验是（　　）。

A. 失速实验　　B. 时滞实验

C. 油压实验　　D. 道路实验

7. ECU 及其控制电路的故障可以用该车型的（　　）或通用的（　　）来检测。

A. 电脑检测仪　　B. 万用表

C. 示波器　　D. 解码器

三、判断题

1. 在汽车行驶过程中，若显示自动变速器油温过高，可以不予理会。（　　）

2. 拆下自动变速器油底壳上的放油螺塞，将油底壳内的液压油放出的方法即为重力放油法。（　　）

3. 自动变速器油有烧焦气味的原因之一是油温过高、油面过低。（　　）

4. 自动变速器油的油面过高或通气孔堵塞，会出现油液从加油管溢出的情况。（ ）

5. 如果在自动变速器中不慎加入过多液压油，使油面高于规定的高度，切不可凑合使用。（ ）

6. 失速实验可以检查所有挡位的换挡执行元件。（ ）

7. 在一个挡位实验完成之后，不要立即进行下一个挡位的实验，要等油温下降以后再进行实验。（ ）

8. 在实验过程中，若发现驱动轮因制动力不足而转动，可以继续做实验。（ ）

9. 若 N–D 迟滞时间过长，说明主油路油压过低，前进离合器摩擦片磨损过度或前进单向超越离合器工作不良。（ ）

10. 与手动变速器相比，自动变速器没有换挡间歇。（ ）

11. 在做油压实验时，如果不能确定各油路的测压孔，可以将各个测压孔螺塞松开少许，观察各测压孔在操纵手柄位于不同挡位时是否有压力油流出，以此判断各油路测压孔的位置是否正确。（ ）

12. 在做油压实验时，进行完一个挡位的实验后，应使发动机怠速运转 1 min 再做下一挡位的实验。（ ）

13. 道路实验是诊断、分析自动变速器故障的最有效手段之一。此外，自动变速器在修复之后，也应进行道路实验，以检查自动变速器的工作性能，检验修理质量。（ ）

14. 若自动变速器不能升入高速挡（3 挡或超速挡），说明控制系统或换挡执行元件故障。（ ）

15. 升挡车速太低与升挡车速太高都是控制系统与换挡执行元件的故障所致。（ ）

四、简答题

1. 简述循环换油机的换油步骤。

2. 简述油压实验的目的。

3．简述倒挡油压的测量方法。

4．将下列 01M 自动变速器自诊断故障码表补充完整。

01M 自动变速器自诊断故障码表

故障码	可能的故障原因	故障排除
00268 电磁阀6——N93断路、对地短路		①按电路图检查导线和插塞的连接情况 ②读取测量数据块 ③进行电气检查
00270 电磁阀7——N94断路、对地短路	①导线断路或对地短路 ②电磁阀7——N94有故障	
00281 车速传感器G68无信号		①按电路图检查导线和插塞的连接情况 ②读取测量数据块 ③进行电气检查 ④更换车速传感器G68 ⑤更换主动齿轮
00293 多功能开关F125开关状态不确定	①导线断路 ②多功能开关F125有故障	
00297 变速器转速传感器G38无信号	①导线断路 ②变速器转速传感器G38有故障	
00300 变速器润滑油温度传感器G93无法识别故障类型		①按电路图检查导线和插塞的连接情况 ②读取测量数据块 ③进行电气检查
65535 控制单元损坏		①更换控制单元 ②对系统进行基本调整

5．在检测 ECU 线束各接脚工作电压时，应注意哪几点？

6．自动变速器无超速挡的故障原因有哪些？

7．自动变速器无发动机制动的故障原因有哪些？

8．汽车不能行驶的故障原因有哪些？

单元7　汽车防滑控制系统的维护与故障排除

一、填空题

1．汽车防滑控制系统是对汽车____________________和____________________的统称。

2．ABS 主要组成部件有________________、________________、________________和__________等。

3．ABS/ASR 在自诊断检查前应先检查轮胎________________和______________是否符合要求。

4．ABS/ASR 中________________或________________有故障，可以不泄去 ABS 中的压力和进行放气，直接维修即可。

5．ABS 电控单元对__________和__________非常敏感，稍有不慎就会损坏电控单元中的____________，造成整个 ABS 损坏。

6．维修 ABS 液压控制装置时，首先要进行__________，然后再按规定进行修理。

二、选择题

1．用解码器对 ABS/ASR 读取故障码时，应进入（　　）系统。

A．防抱死　　B．发动机

C．自动变速器　　D．辅助

2．拆卸 ABS/ASR 元件时，不需要对系统进行泄压的是（　　）。

A．电动泵　　B．前轮制动泵

C．电磁阀体　　D．转速传感器

3．制动主缸和液压调节器设计在一起的整体 ABS，其蓄压器存储了高达（　　）kPa 的压力。

A．12 000　　B．180 000

C．18 000　　D．1 000

三、判断题

1．在进行 ABS/ASR 自诊断检查时，前期不需要做任何准备工作，直接进行就可以了。（　　）

2．ABS/ASR 无转速信号可能是控制单元和发动机控制器之间的导线断路或对正极短路造成的。（　　）

3．转速传感器出现故障的原因一定是其本身损坏。（　　）

4．ABS 通过常规方法无法对制动系统进行充分排气，需要利用设备辅助排空。（　　）

5．ABS 与普通制动系统是可以分离的，当普通制动系统出现问题时，ABS 仍可以正常工作。 （　　）

四、简答题

1．根据下面的 ABS 结构图，写出各组成部件的名称。

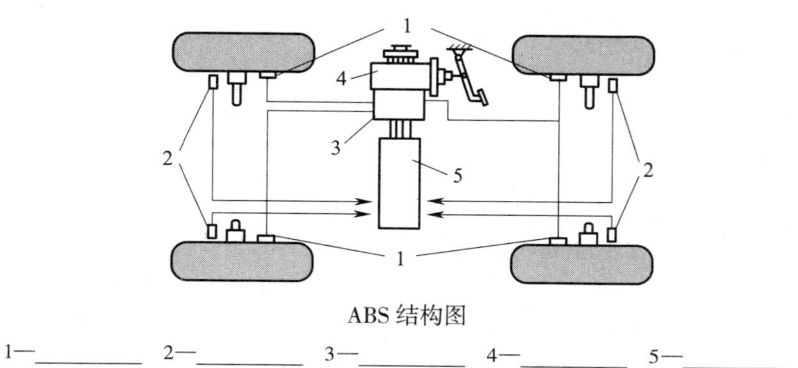

ABS 结构图

1—________　2—________　3—________　4—________　5—________

2．将下列上海帕萨特 B5 ABS 故障码表补充完整。

上海帕萨特 B5 ABS 故障码表

故障码	故障原因	故障排除
00301 ABS的回流泵V39	在液压控制单元中的故障	
00529 无转速信号（具有ASR的汽车）		①检查和排除导线断路或短路 ②检查发动机转速 ③若仪表面板插头中的转速表损坏，且导线无故障，可确定为发动机ECU损坏 ④若仪表面板插头中的转速表功能正常，且导线无故障，则为ABS ECU损坏
00597 轮速脉冲异常	①车轮及轮胎尺寸不一致 ②齿圈有污渍或损坏 ③车轮轴承间隙太大 ④转速传感器（G44、G45、G46、G47）非正常安装 ⑤转速传感器（G44、G45、G46、G47）损坏	①检查车轮和轮胎尺寸 ②检查齿圈，必要时更换 ③检查车轮轴承间隙 ④检查转速传感器
00646 ABS-ASR发动机电气连接1		①查找并排除导线断路或短路故障 ②更换ABS ECU ③更换发动机ECU

续表

故障码	故障原因	故障排除
01130 ABS工作信号超差	ABS工作信号超差，可能有外界干涉信号源的电气干涉（高频发射，如非绝缘的点火电缆线）	
01201 ABS泵的供电电压	①导线断路或ECU端子到液压控制单元接点16接触不良 ②液压控制单元故障	
01203 ABS/仪表板插头的电气连接	①仪表板插头和液压控制单元接点10之间的导线断路 ②仪表板插头故障	

3．以上海帕萨特 B5 为例，读取故障码时，当解码器显示左前轮转速传感器有故障，试分析其故障原因与排除方法。

4．简述 ABS/ASR 进行排气的方法。

5．将下列控制单元 J104 各端子与构件或导线的连接表补充完整。

控制单元 J104 各端子与构件或导线的连接表

端子	与构件或导线的连接
4	
5	
7	
9	
10	
11	
14	
15	
16	
17	
19	
21	

6．ABS 故障指示灯亮着不熄且系统不能工作时，进行初步检查的方法有哪些？

7. ABS 故障灯常亮的故障原因有哪些?

8. 在点火开关接通后，ASR 警告灯 K86 不熄灭的故障原因有哪些?

9. 在点火开关接通和检查过程结束后，ABS 警告灯 K47 不熄灭的故障原因有哪些?

单元8　汽车空调系统的维护与故障排除

一、填空题

1. 汽车空调系统一般由________、________、________、________和________组成。

2. 汽车空调系统的制冷剂主要是________和________。

3. R12和R134a的腐蚀性不同，所以添加制冷剂时不能________和________，需按不同车型添加指定的制冷剂。

4. 制冷系统由________、________、________、________、________、________、________和________等组成。

5. 进行空调部件与管路检查时，启动空调后，观察高、低压管路尤其是接头部位有无________泄漏情况，此时触摸高压管路应感觉________，触摸低压管路应感觉________。

6. 检查蒸发器的滴水情况时，一般在空调运行一段时间后，水会从蒸发器滴出，且蒸发器无________和________情况。

7. 空调运行时，通过储液干燥器的观察孔观察有无________产生，且应无________情况。

8. 空调运行时，用手触摸膨胀阀应有________，且无________情况。

9. 空调工作一段时间后，冷却液温度应________，但不能________。

10. 用洗涤液检查空调是否泄漏时，应事先擦净被测部件表面，将质量良好的________与________混合后，用刷子均匀地涂抹到被测部件表面，通过观察气泡来检测部件的泄漏情况。

11. 用电子检漏仪（卤素检漏仪）检查空调是否泄漏时，当制冷剂蒸气进入电子检漏仪的探头时，检漏仪就会发出________或________信号。

12. 进行打压实验时，应使系统中的压力达到________kPa。

13. 在空调系统抽真空过程中，应先开启空调泵，然后打开表组的________阀门进行抽真空，此时应观察________的读数。

14. 在空调系统抽真空过程中，如果低压表指针向负压方向摆动很慢或不动，说明制冷系统________，应重新对系统进行________。

15. 清洗空调系统就是清除系统内的所有物质，包括________、________和________。

16. 在加注制冷剂的过程中严禁开启________系统，加注时制冷剂罐要处于________状态。

17. 在加注制冷剂时，若要更换新的制冷剂罐，要关闭支管压力表组的________。

18．空调制冷剂低压侧应加注适用于空调系统内的制冷剂，当制冷剂量________时应对其进行补充。

19．低压侧加注制冷剂时，制冷剂罐应____________，开启空调系统，使压缩机处于工作状态。

20．温控开关分为________________和______________两种，当外界温度小于5℃时，________________切断空调压缩机；当蒸发器表面温度低于0℃时，______________自动切断空调压缩机。

二、选择题

1．（　　）系统不属于空调系统。

A．制冷　　B．取暖

C．通风　　D．润滑

2．（　　）对大气臭氧层有危害。

A．R12　　B．R134a

C．水　　D．氮气

3．打开空调开关（A/C），空调开关指示灯应（　　）。

A．点亮　　B．熄灭

C．闪烁　　D．先点亮再熄灭

4．在进行汽车空调操作检查时，将温度控制旋钮调节到最高，在出风口处吹出的应是（　　）。

A．热风　　B．冷风

C．没风　　D．冷热交替的风

5．在进行空调部件与管路检查时，在空调运行过程中，通过储液干燥器的观察孔观察，应（　　）。

A．有气泡产生　　B．无气泡产生

C．有连续气泡产生　　D．有水雾产生

6．在进行制冷剂的回收时，工作罐质量应不超过罐体标称质量的（　　）。

A．20%　　B．40%

C．80%　　D．60%

7．制冷剂回收结束后，回收机屏幕显示回收的制冷剂量，仪器准备进行排废油，此时至少应观察压力表（　　）min。

A．1　　B．5

C．3　　D．10

8．在低压侧加注制冷剂时，压缩机处于（　　）状态。

A．停止　　B．工作

C．间断工作　　D．损坏

9．拆检冷凝器时，点火开关应（　　）。

A．关闭　　B．接通

C．先接通后断开　　D．先断开后接通

10．（　　）需要回收冷却液。

A．拆检冷凝器　　B．拆卸蒸发器

C．拆检压缩机　　D．补充制冷剂

11．读取空调系统的故障码时，应在【选择系统】界面选择（　　）指令。

A．【08–空调及电子加热系统】　　B．【08–音响】

C．【08–导航系统】　　D．【08–发动机控制系统】

12．恒温开关又称为（　　）开关。

A．除霜　　B．除雾

C．除水　　D．除冰

13．除霜开关安装在（　　）上面。

A．蒸发器　　B．冷凝器

C．压缩机　　D．膨胀阀

三、判断题

1．当需要拆卸压缩机时，不需要回收空调系统中的制冷剂。（　　）

2．在压缩机的拆卸过程中，需要拆卸蓄电池的负极搭铁线，以防在操作过程中造成电气元件的损坏。（　　）

3．压缩机不工作会造成空调不制冷。（　　）

4．制冷剂 R134a 会破坏大气臭氧层。（　　）

5．当制冷系统有空气、水分或更换制冷系统的任一部件后，需要重新对系统抽真空。（　　）

6．在系统抽真空过程中，如果低压表指针向负压方向摆动很慢或不动，说明制冷系统漏气，应重新对系统进行打压。（　　）

7．系统抽真空结束后，应使制冷系统保持真空状态 30 min 左右，若期间压力表表针回落，说明系统正常。（　　）

8．若制冷系统湿度过大，可用干燥气体（氧气）去除系统中的所有水汽。（　　）

9．回收的制冷剂不可以直接排入大气。（　　）

10．回收制冷剂时，顺时针拧开高、低压开关的速度应慢一些，以防制冷剂被带出系统。（　　）

11．进行电磁离合器的检修时，拔下电磁离合器插接器，用万用表欧姆挡测量电磁线圈的电阻值，一般为 4 Ω 左右。（　　）

12．车外温度传感器一般都安装在前保险杠内或水箱后面。（　　）

13．一般冷凝器上口是出口，下口是进口。（　　）

四、简答题

1．简述空调系统目测检查泄漏的方法。

2. 简述空调部件与管路的检查方法。

3. 简述空调系统抽真空的方法。

4. 简述在空调系统低压侧加注制冷剂的方法。

5. 简述空调系统电磁离合器的检修方法。

6. 画出空调系统不制冷的故障排除流程图。

7. 画出空调系统制冷不良的故障排除流程图。

单元9　汽车音响装置的维护与故障排除

一、填空题

1．汽车音响主要包括__________、__________和__________三部分。

2．CD机具有__________、__________、__________等优点，是现在汽车普遍采用的音响装备。

3．一些高级车上已经将汽车音响系统、__________与__________融为一体。

4．音响防盗的基本原理是车主通过音响面板上的按键给汽车音响输入设定的__________，使音响处于__________。

5．蓄电池__________，电压低于音响的__________，会造成音响锁死。

6．音响电源熔断器__________或__________，会造成音响锁死。

7．音响电源线__________或人为拔下__________，会造成音响锁死。

8．在进行维修时，若不知道音响密码，千万不要断开__________的电源线。在更换__________时，必须先并接一台新的蓄电池后再拆__________。

9．锁车时应__________所有的用电设备，以防止__________因过度放电导致音响__________。

10．一般而言，音响断电后，由于在其内部有一只容量较大的__________，因此，需要一定的时间使这只大容量电容__________后，音响才会出现锁死的情况。

11．采用通用码解码的方法只能使用__________，若以前已使用过一次，则不能__________。

12．音响解码时，如果不知道本机密码且通用码也无法解码，需要用__________或__________来解码。

二、选择题

1．（　　）不是汽车音响的组成部分。

A．主机　　　B．扬声器

C．功放　　　D．散热器

2．（　　）不是CD机的特点。

A．响应性能好　　　B．动态范围大

C．失真小　　　D．分离度高

3．在FM/AM模式下按【SCAN】键，收放机会自动调谐电台并收听（　　）s。

A．2　　　B．3

C．5　　　D．1

4. 如果发生（　　）的情况，防盗音响会锁死。

A. 车速过快　　B. 紧急制动

C. 意外熄火　　D. 拆下蓄电池电缆线

5. +/BATT 接线端子用于连接（　　）。

A. 电池的正极　　B. 负极搭铁

C. 背景照明灯接线　　D. 点火开关

6. –/GND 接线端子用于连接（　　）。

A. 电池的正极　　B. 负极搭铁

C. 背景照明灯接线　　D. 点火开关

7. ILL 接线端子用于连接（　　）。

A. 电池的正极　　B. 负极搭铁

C. 背景照明灯接线　　D. 点火开关

8. ACC 接线端子用于连接（　　）。

A. 电池的正极　　B. 负极搭铁

C. 背景照明灯接线　　D. 点火开关

9. 在原车上查找音响防盗密码时，其不可能出现在（　　）。

A. 音响机壳上的某一部位　　B. 点烟器盒背面的某一地方

C. 杂物箱内或其背面的某一位置　　D. 发动机机体某处

10. 在原车上查找音响防盗密码时，其可能出现在（　　）。

A. 散热器支架上　　B. 变速器壳体某处

C. 驾驶员侧车门上的某一部位　　D. 发动机机体某处

11. 为音响解码时，如果输入的密码错误，则显示屏先闪烁，然后持续显示（　　）字样。

A. “YES”　　B. “NO”

C. “SAFE”　　D. “ACC”

三、判断题

1. 扬声器不是汽车音响的组成部分。（　　）

2. 在汽车音响技术中，只要声音够大就好，无须考虑电磁干扰。（　　）

3. 在汽车音响技术中，只要声音够大就好，无须考虑音质的处理技术。（　　）

4. 拆下蓄电池的电缆线，主机断电后未能及时提供存储保持电源，会造成音响锁死。（　　）

5. 在拆卸帕萨特 B5 的音响主机时，可以不用关闭点火开关和所有用电设备。（　　）

6. 若在车门三角窗发现“SECU-RITY”字样，说明该车音响具有防盗功能。（　　）

7. 原车上的音响防盗密码可能出现在发动机的某一部位。（　　）

8. 如果多次输入错误的密码，有可能将音响永久锁死。（　　）

9. 音响解码采用通用码解码的方法可以不受使用次数限定。（　　）

10. 音响解码时，如果输入的密码正确，显示屏将自动显示电台的频率，说明音响已解锁。（　　）

四、简答题

1．填写下图汽车音响系统各组成部件的名称。

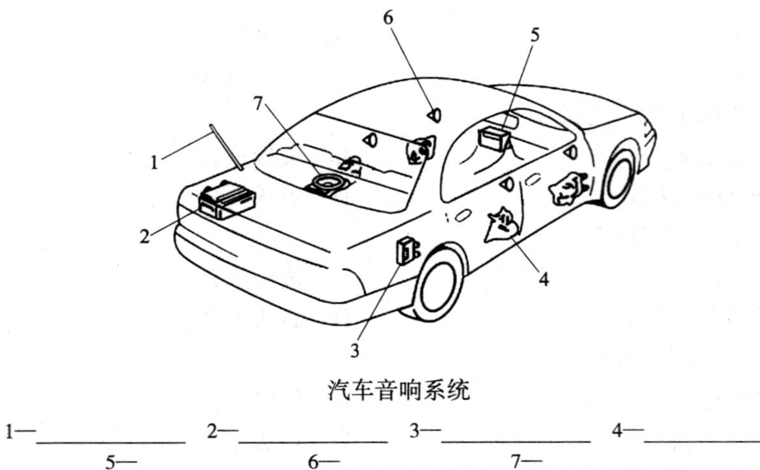

汽车音响系统

1—＿＿＿＿＿＿　2—＿＿＿＿＿＿　3—＿＿＿＿＿＿　4—＿＿＿＿＿＿

5—＿＿＿＿＿＿　6—＿＿＿＿＿＿　7—＿＿＿＿＿＿

2．说明下列德系汽车车载 CD 接线端子的用途。

MUT/TEL：＿＿＿＿＿＿＿＿＿＿＿＿＿＿＿＿＿＿＿＿＿＿＿＿

RF（+）：＿＿＿＿＿＿＿＿＿＿＿＿＿＿＿＿＿＿＿＿＿＿＿＿

RF（－）：＿＿＿＿＿＿＿＿＿＿＿＿＿＿＿＿＿＿＿＿＿＿＿＿

LF（+）：＿＿＿＿＿＿＿＿＿＿＿＿＿＿＿＿＿＿＿＿＿＿＿＿

LF（－）：＿＿＿＿＿＿＿＿＿＿＿＿＿＿＿＿＿＿＿＿＿＿＿＿

RR（+）：＿＿＿＿＿＿＿＿＿＿＿＿＿＿＿＿＿＿＿＿＿＿＿＿

RR（－）：＿＿＿＿＿＿＿＿＿＿＿＿＿＿＿＿＿＿＿＿＿＿＿＿

LR（+）：＿＿＿＿＿＿＿＿＿＿＿＿＿＿＿＿＿＿＿＿＿＿＿＿

LR（－）：＿＿＿＿＿＿＿＿＿＿＿＿＿＿＿＿＿＿＿＿＿＿＿＿

3．简述汽车音响锁死的原因。

4. 简述车载音响系统左前车门扬声器没有声音的故障原因与排除方法。

单元10　汽车安全装置的维护与故障排除

一、填空题

1. 汽车安全气囊由______________、安全气囊系统的电控单元（SRS ECU）、___________、防护传感器（安全传感器）、_____________、________________、____________和线束等组成。

2. 中控的功能主要有___________、___________、___________，其主要由_____________、_____________和门锁控制器组成。

3. 安全气囊系统必须与________________配合使用才能有效地保护乘客的安全。

4. 将安全气囊总成取下后，放置时应将有_____________的一面向上，以防静电引爆气囊。

5. 安装螺旋电缆时，螺旋电缆的位置应该在________________，否则在旋转转向盘时易使螺旋电缆断裂。

6. 在拆卸气囊总成时，首先应断开___________，并且等待 5 min 左右，以便安全气囊备用电源耗尽。

7. 用万用表检查闭锁控制单元时，应使用万用表的___________挡进行测量。

二、选择题

1. 在拔下安全气囊引爆插头之前，要断开蓄电池负极电缆并等待（　　）s 后方可进行。

　A．60　　　　B．120

　C．90　　　　D．30

2. 不要用任何种类的清洗剂清洗安全气囊，不允许涂润滑油脂，只允许用（　　）。

　A．清水冲洗　　　　B．湿纸巾擦拭

　C．干布或浸了清水的湿布擦拭　　　　D．以上都不对

3. 进行引爆工具检查时，应将黄色的卡夹连接在引爆工具的两个开关保护器手柄上，并将红色（+）和黑色（-）鳄鱼夹连在（　　）V 蓄电池上。

　A．12　　　　B．24

　C．36　　　　D．48

4.（　　）时，需要对防盗控制单元进行重新匹配。

　A．更换发动机控制单元　　　　B．更换防盗控制单元

　C．匹配汽车钥匙　　　　D．修理汽车

5. 在讨论安全气囊系统的检修时，技师甲说，在更换安全气囊系统元件之前，应断开蓄电池负极线，并等待 2 min；技师乙说，该等待时间是使安全气囊系统计算机中的储备电源能量消失所必需的。以上说法中（　　）。

　A．甲正确　　　　B．乙正确

C．两人均正确　　　　　　　　　　D．两人均不正确

6．在讨论安全气囊系统的检修时，技师甲说，可使用交流电压表来诊断安全气囊系统；技师乙说，可使用探针式 12 V 测试灯来诊断安全气囊系统。以上说法中（　　）。

A．甲正确　　　　　　　　　　　　B．乙正确

C．两人均正确　　　　　　　　　　D．两人均不正确

7．在讨论安全气囊系统的检修时，技师甲说，搬动气囊组件时，应将装饰盖面对身体；技师乙说，将电阻表连接到气囊组件的接线端上，可测试该组件。以上说法中（　　）。

A．甲正确　　　　　　　　　　　　B．乙正确

C．两人均正确　　　　　　　　　　D．两人均不正确

8．在搬运与保管安全气囊的过程中，应注意（　　）。

A．远离明火、高温及强电场　　　　B．使装饰盖一面紧贴搬运者的身体

C．摆放时使装饰盖一面朝上放置　　D．几个气囊一起存放时应堆放整齐

9．在安装气囊组件之前，应（　　）。

A．用万用表检测气囊引爆管的电阻值是否正常（一般为 200 Ω）

B．用万用表检测气囊的两根引线是否有断路或短路现象

C．认真装好气囊螺旋线束并对中

D．检测除气囊组件以外的整个系统是否正常

10．检修中控门锁控制系统时，所有门锁都不工作的原因有（　　）。

A．电路熔断器故障　　　　　　　　B．电路断路或短路

C．继电器没有搭铁　　　　　　　　D．搭铁电路断路

三、判断题

1．在对安全气囊进行修理时，只要断开蓄电池就可以对其进行拆解，不需要考虑其他系统。（　　）

2．可以用万用表测量安全气囊引爆器的电阻值。（　　）

3．新配的钥匙与防盗控制单元匹配时，单独匹配就可以，不用所有钥匙重新匹配。（　　）

4．安全气囊应存放在环境温度高、湿度大的场所。（　　）

5．安全气囊只能一次性工作，不可重复使用。（　　）

四、简答题

1．简述驾驶员侧安全气囊的拆卸步骤。

2. 拆卸安全气囊的注意事项有哪些?

3. 简述安全气囊指示灯常亮的故障原因。

4. 将下表中控门锁控制系统常见故障现象、可能原因与排除方法补充完整。

中控门锁控制系统常见故障现象、可能原因与排除方法

故障现象	可能原因	排除方法
一个门锁不工作		①将润滑剂注入开启的门闩，反复手动操作10次，检查弹簧锁及所有的连杆运动有无干涉 ②检查执行器连接器、操纵开关各挡位上的电压 ③检查执行器
所有门锁都不工作	①电路熔断器故障 ②电路断路或短路 ③继电器没有搭铁 ④搭铁电路断路	①检查熔断器 ②检查熔断器下方电路与门锁开关之间的导线和连接点 ③检查门锁开关 ④检查驾驶员侧开关的搭铁情况
门锁只以一种方式工作	①电路断路或短路 ②继电器故障 ③搭铁电路断路	

续表

故障现象	可能原因	排除方法
门锁间歇性工作		①检查插接器 ②检查继电器和支架连接螺钉 ③检查开关
门锁只在发动机运转时工作	①蓄电池电压低 ②连接点松动或腐蚀	

5. 简述大众三代防盗系统的钥匙匹配方法。

单元11　汽车灯光系统的维护与故障排除

一、填空题

1．汽车灯具按照功能分为__________________和__________________。

2．H7 灯泡是单丝双脚灯泡，多用于__________。它有两只灯脚，底座为金属材质、圆形。

3．H4 灯泡是____________灯泡，近光灯和远光灯都在一个灯泡内。标准的近光灯为 55 W，远光灯为 60 W。

4．H1 灯泡是单丝单脚灯泡，多用于__________。它有一只灯脚，底座为金属材质、扁长方形。

5．一般来说，在前照灯的尾部都会有__________，将其拧开后，就可以看见前照灯的钢丝卡簧，捏住钢丝卡簧就可以将前照灯取出。

6．汽车前照灯灯泡的使用时间过长容易__________或__________。

7．熔断器的检查方法主要有两种，一种是直接观察______________，另一种是测量熔断器的__________________。

8．继电器的检查方法主要有两种，一种是用万用表测量继电器____________的通断，另一种是用蓄电池连接继电器进行观察。

二、选择题

1．（　　）是汽车中重要的保护装置，其损坏会造成相关电路不能工作。

A．灯泡　　B．熔断器

C．继电器　　D．以上都不对

2．用小电流控制大电流，可以减小控制开关电流负荷的部件是（　　）。

A．继电器　　B．熔断器

C．开关　　D．以上都不对

3．更换熔断器时，技师甲说，在没有熔断器的情况下，紧急时可以用对驾驶及安全没有影响的其他设备上的熔断器代替；技师乙说，需要按照熔断器盒盖上注明的额定电流值更换熔断器。以上说法中（　　）。

A．甲正确　　B．乙正确

C．两人均正确　　D．两人均不正确

4．更换熔断器后，如果新熔断器又立刻熔断，说明电路系统可能存在故障，应（　　）。

A．继续更换熔断器　　B．用导线短接

C．检查相应的电路　　D．以上都不对

三、判断题

1．简单更换前照灯灯泡时，一般需要拆除前照灯总成。（　　）

2．更换灯泡时，取出灯泡后，就可以将灯泡从电源接口上拔下来，动作要轻，避免将电源接口弄坏。（　　）

3．前照灯左侧近光灯不亮、其他正常，说明近光灯公共线路没有故障。（　　）

4．用试灯就车检查熔断器时，若两侧都亮，说明系统中熔断器前面的电路有故障。（　　）

四、简答题

1．简述更换熔断器的注意事项。

2．简述用万用表检测 4 脚继电器的方法。

3．打开远光灯，左、右远光灯正常点亮；打开近光灯，左近光灯不亮，简述其故障原因与排除方法。

4．根据教材中单元 11 项目 2 中的转向灯电路，分析报警灯的电流走向。

5．一辆桑塔纳2000轿车在打开点火开关后，将转向开关拨至右转向，右转向灯不闪烁；将转向开关拨至左转向，左转向灯也不闪烁，简述其故障原因。

6．根据教材中单元11项目2中的转向灯电路，同学之间相互设计故障并进行故障排除。

（1）故障现象：

（2）故障原因：

（3）故障排除：

单元 12　电动器件的维护与故障排除

一、填空题

1. ____________、____________、____________、____________等都是通过直流电动机改变电流方向来实现电动机的正反转的。

2. 蜗牛喇叭主要有______________和________________等特点，所以被广泛使用。

3. 安装新的刮水臂时，首先应打开点火开关，使______________回到原始位置。

4. 更换刮水连杆总成时，首先应拆卸________________；然后拉起密封胶条，掀起防水板。

5. 更换电动车窗升降机构时，依次拆卸____________、内拉手饰框、电动后视镜开关和中央控制开关等部件。

6. 检查电动车窗升降机构时，用万用表连接电动机线束，按住______，万用表应能读取到蓄电池的电压；反向按住开关，读数应为负数蓄电池电压。

7. 检查中央控制开关时，用万用表对车窗开关进行______________，其中只要有一个开关故障就应更换。

8. 对电动座椅调节电动机进行检查时，应先将其从座椅上拆下来，用万用表欧姆挡测量调节电动机的______，应符合要求，也可以直接连接______________进行检查。

9. 对电动机调节开关进行检查时，应先将其从驾驶员座椅处拆下，用万用表检测插接器各端子之间的______________，即可判断调节开关的好坏。

10. 对电动座椅故障进行初步检查时，通常应检查________和________，以及通过进行相关操作来确定故障的可能部位。

11. 若电动座椅的开关接触不良，会造成电动座椅调整________或________。

12. 对电动座椅的控制电路进行检查时，若有________或________现象，会造成电流不能通过电动机，使电动座椅调整失效。

13. 对电动座椅易损件进行检查时，首先应检查熔断器盒内____________的熔断器是否熔断。

14. 对电动座椅配线进行检查时，应检查电动座椅各部件之间的连接配线______________、______________等。

15. 拆卸驾驶员侧电动座椅时，应目视检查前、后滑道和电动机的啮合情况，若出现__________或__________现象，则应进行维修或更换。

16. 检查喇叭的声音时，若感到声音__________且__________，大多是接点接触不良所致。

17. 检查喇叭时，要经常__________并__________喇叭和支架的__________，保证其搭铁可靠。

18．如果喇叭的声音沉闷，很可能是喇叭自身有故障，这时只要________________，就能得到改善。

19．在汽车低速行驶时，喇叭的工作情况与__________的工作情况有关。若蓄电池的能量________，则喇叭的声响也________，要定期检查蓄电池的蓄电量是否正常。

二、选择题

1．（　　）不是通过直流电动机改变电流方向来实现电动机正反转的。

A．刮水器　　B．电动后视镜

C．电动座椅　　D．组合开关

2．接通点火开关，拨动刮水器各挡开关，刮水器均不工作，可能的故障原因有（　　）。

A．熔断器熔断　　B．刮水器电动机的插接器损坏

C．刮水器电动机内部断路　　D．转子卡住

3．刮水器只在“慢挡”工作，在其余各挡均不工作，可能的故障原因有（　　）。

A．中央控制盒或导线接触不良、断路　　B．继电器损坏

C．刮水器与洗涤器损坏　　D．转子卡住

4．刮水器只在“间歇挡”工作，在其余各挡均不工作，可能的故障原因有（　　）。

A．中央控制盒或导线接触不良、断路　　B．刮水器开关有故障

C．继电器与洗涤器损坏　　D．转子卡住

5．刮水器开关在“喷水挡”时，刮水与喷水均不工作，其他各挡均工作正常，可能的故障原因有（　　）。

A．中央控制盒或导线接触不良、断路　　B．刮水器与洗涤器开关损坏

C．继电器与洗涤器损坏　　D．喷水电动机、喷水泵有故障

6．用万用表对车窗开关进行通断测试，其中只要有（　　）个开关故障，就应进行更换。

A．一　　B．两

C．三　　D．四

7．对电动车窗进行故障诊断时，用解码器读取故障码结果为“00912　左前电动车窗开关E40信号错误、对正极短路”，可能的故障原因有（　　）。

A．导线或接头故障　　B．按钮安装错误

C．左前电动车窗开关损坏　　D．继电器故障

8．对电动车窗进行故障诊断时，用解码器读取故障码结果为“00932　驾驶员侧电动车窗电机V147信号错误”，可能的故障原因有（　　）。

A．导线或接头故障　　B．驾驶员侧车窗没有电源

C．车窗举升机构工作部件阻塞　　D．驾驶员侧电动车窗电机故障

9．对电动车窗进行故障诊断时，车窗电动机不工作，可能的故障原因有（　　）。

A．车窗电动机开关损坏　　B．熔断器熔断

C．连接导线断路　　D．电动机损坏

10．对电动车窗进行故障诊断时，电动机工作时有异响，可能的故障原因有（　　）。

A．车窗电动机安装时未调好　　B．卷丝筒内的钢丝绳脱离卷轴

C．滑动支架内的传动钢丝夹转动　　　　D．电动机盖板或固定架与玻璃碰撞

11．对电动车窗进行故障诊断时，电动机工作正常，车窗玻璃不能升降，可能的故障原因有（　　）。

A．车窗电动机安装时未调好　　　　B．钢丝绳折断

C．连接导线断路　　　　D．滑动支架折断或传动钢丝夹转动

12．对电动后视镜进行故障诊断时，用解码器读取故障码结果为“00941 驾驶员侧外部后视镜调整电动机 V121”，可能的故障原因有（　　）。

A．导线或接头故障

B．驾驶员侧车门没有电源

C．继电器故障

D．驾驶员侧外部后视镜调整电动机 V121 故障

13．对电动后视镜进行故障诊断时，用解码器读取故障码结果为“00942　前座乘客侧外部后视镜调整电动机 V122”，可能的故障原因有（　　）。

A．继电器故障

B．导线或接头故障

C．前座乘客侧车门没有电源

D．前座乘客侧外部后视镜调整电动机 V122 故障

14．对电动后视镜进行故障诊断时，用解码器读取故障码结果为“00943　驾驶员侧外部后视镜加热 Z4”，可能的故障原因有（　　）。

A．没有安装后视镜

B．继电器故障

C．驾驶员侧及前座乘客侧车门没有电源

D．导线或接头故障

三、判断题

1．更换刮水片时，首先向外翻起刮水臂，在前风窗玻璃上加盖护垫。（　　）

2．安装刮水片时，可以随意选择不同型号的刮水片。（　　）

3．安装新的刮水臂时，首先应打开点火开关，使刮水器电动机回到原始位置。（　　）

4．在拆卸电动车窗附件时，不能单边用力撬，一定要用力均匀，以防留下划痕。（　　）

5．拆卸电动车窗内饰板螺钉时，有很多车型带有卡扣，拆卸前一定要注意检查螺钉与卡扣是否脱离，不得强行拆卸。（　　）

6．检查电动车窗升降机构时，若测得升降机电动机的电阻值在 5 Ω 以下，说明其正常；若读数为“∞”，说明升降机电动机损坏。（　　）

7．用万用表欧姆挡测量后视镜两电动机的电流，应符合标准，否则应更换后视镜总成。（　　）

8．检查电动座椅的配线时，应检查电动座椅各部件之间的连接配线有无断路、绝缘层破损等。发现异常后，应及时进行处理。（　　）

9．若一个座椅的调节器比另一个座椅的调节器先到达最大水平位置或最大垂直位置，

则可能为两座椅调节器不同相，应对其进行适当的调整。 ( )

10．检查电动座椅时，若开关损坏，可随意更换不同型号的电动座椅开关。 ( )

11．对汽车喇叭进行保养时，要保持喇叭外表面清洁，各接线要连接牢固。 ( )

12．喇叭的固定方法对其发音影响不大。 ( )

13．为了使喇叭的声音正常，喇叭不能固定在缓冲支架上，即在喇叭与固定支架之间要装有片状弹簧或橡皮垫。 ( )

14．对汽车喇叭进行保养时，要定期检查电动机的输出电压。电压过高会烧坏喇叭触点，电压过低（低于喇叭的额定电压）喇叭将发出异常声音。 ( )

15．在检修喇叭时，应注意各金属垫和绝缘垫的位置，不能装错。 ( )

四、简答题

1．刮水器在各挡位都能正常工作，但关闭刮水器开关后，刮水器不能回位，简述其故障原因与排除方法。

2．简述电动车窗升降机构的更换方法。

3．简述电动车窗升降机构的检查步骤。

4．一辆帕萨特 1.8 T 轿车在打开点火开关时，驾驶员侧车窗不能打开，其他车窗正常工作，简述其故障原因。

5．将下列故障诊断表补充完整。

故障诊断表

故障现象	故障原因	故障排除
车窗电动机不工作		
电动机工作时有异响		①重新调整车窗电动机安装螺钉 ②重新调整卷丝筒内钢丝绳的位置 ③检查安装支架的位置是否正确 ④重新调整盖板或固定架

续表

故障现象	故障原因	故障排除
电动机工作正常，车窗玻璃不能升降	①钢丝绳折断 ②滑动支架折断或传动钢丝夹转动	
车窗电动机发卡、阻力大	①导轨凹部有异物 ②导轨损坏或变形 ③电动机损坏 ④钢丝绳腐蚀、磨损	

6. 用解码器读取故障码为“00939　驾驶员侧后视镜调整电动机 V149”，简述其故障原因与排除方法。

7. 需要对电动座椅故障进行哪些方面的初步检查？

8．画出一般车型电动座椅的故障诊断流程图。